VENTE

Du Lundi 1er Décembre 1902

HOTEL DROUOT, SALLE N° **8**

à deux heures

ARMES

PIÈCES ET FRAGMENTS D'ARMURES

DES XVIᵉ ET XVIIᵉ SIÈCLES

OBJETS VARIÉS

VITRAUX — MANUSCRIT — FERS — IVOIRE

MEUBLE ET COFFRE RENAISSANCE EN BOIS SCULPTÉ

TRÈS JOLI PANNEAU TAPISSERIE

A FOND CRÈME

DU XVIIIᵉ SIÈCLE

Mᵉ MAURICE DELESTRE, Commissaire-priseur

M. HENRI LEMAN, Expert

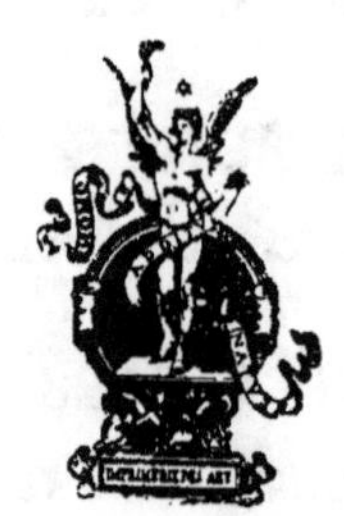

CATALOGUE

DES

ARMES

PIÈCES ET FRAGMENTS D'ARMURES

DES XVI⁰ ET XVII⁰ SIÈCLES

OBJETS VARIÉS

VITRAUX — MANUSCRIT — FERS — IVOIRE

MEUBLE ET COFFRE RENAISSANCE EN BOIS SCULPTÉ

TRÈS JOLI PANNEAU TAPISSERIE

A FOND CRÈME

DU XVIII⁰ SIÈCLE

DONT LA VENTE AURA LIEU

HOTEL DROUOT, SALLE N° 8

LE LUNDI 1er DÉCEMBRE 1902

à deux heures

<table>
<tr><td>COMMISSAIRE-PRISEUR
M⁰ M. DELESTRE
5, rue Saint-Georges</td><td>EXPERT
M. HENRI LEMAN
37, rue Laffitte</td></tr>
</table>

EXPOSITION PUBLIQUE

Le Dimanche 30 Novembre 1902, de 1 h. 1/2 à 6 heures

CONDITIONS DE LA VENTE

Elle sera faite au comptant.

Les acquéreurs paieront *dix pour cent* en sus des adjudications.

Aucune réclamation ne sera admise une fois l'adjudication prononcée.

Paris.—Imprimerie de l'Art, E. Moreau et Cⁱᵉ, 41, rue de la Victoire

DÉSIGNATION

ARMES

PIÈCES ET FRAGMENTS D'ARMURES

1 — Pansière en fer poli, décorée de bordures
et d'une bande d'ornements finement gravés.
Cette pièce de renfort est munie de son faucre,
placé à gauche, et la partie supérieure droite
est surélevée et arrondie à la place de l'épaule.
Des trous de vis sont percés pour assujettir la
haute pièce et le manteau d'armes. xvıᵉ siècle.
— Haut., 5o cent.

2 — Rondache en fer gravé. Autour d'un point
central, huit dragons ailés sont disposés en
rayons et alternant avec des trophées. Sur la
bordure, des dragons affrontés sont également
gravés. xvıᵉ siècle. — Diam., 54 cent.

3 — Épaulière gauche. Elle est à lames articulées, munie d'un grand collet relevé en éven-

tail et décorée de bandes gravées et dorées, dont les motifs consistent en rinceaux et en trophées. xvi⁣e siècle.

4 — Épaulière droite. Elle est en fer gravé et à lames articulées ; le décor consiste en bandes d'ornements gravés, avec traces de dorure, représentant des entrelacs, des têtes de chérubins et des médaillons à personnages. xvi⁣e siècle.

5 — Épaulière gauche (Fragment d'). Partie supérieure de l'épaulière gauche provenant de la même armure que la pièce du numéro précédent. Il subsiste les deux lames du haut. xvi⁣e siècle.

6 — Tassette gauche en fer gravé, d'un décor analogue aux deux pièces précédentes et provenant vraisemblablement de la même armure. xvi⁣e siècle.

7 — Épaulière gauche. Elle est en fer gravé, à lames articulées. La décoration consiste en bandes de rinceaux, trophées et ornements, et de branches de fleurs gravées dans le champ. Une petite pièce de renfort est fixée sur l'épaulière et recouvre entièrement le haut du bras. xvi⁣e siècle.

8 — Colletin gravé de bordures et de bandes
décorées de médaillons contenant des figures
allégoriques, des trophées et de rinceaux.
XVIe siècle.

9 — Paire de tassettes, à trois lames articulées
rivées par des clous à tête de cuivre, et décorées de bandes d'ornements de trophées et
feuillages finement gravés; les boucles d'attaches subsistent encore. XVIe siècle.

10 — Paire de tassettes, à six lames articulées,
munies de leurs boucles d'attaches et cloutées de cuivre. XVIe siècle.

11 — Bourguignote en fer poli, de forme très
élégante. La visière et le couvre-nuque sont
fixes, les garde-joues sont mobiles et retenus
par des attaches en cuivre ; des clous en
cuivre, en forme de bossettes, sont placés
sur le bandeau. XVIe siècle.

12 — Armet en fer poli. La crète saillante est
bordée d'une torsade ; le mézail, en deux
pièces, est articulé ; derrière, à la base de la
crète, est fixé le porte-plumail. XVIe siècle.

13 — Bourguignote en fer poli et gravé, à visière
fixe traversée par un nasal mobile, et munie

d'un couvre-nuque à quatre lames articulées.
La bombe, surmontée d'une pique, est ornée
de côtes en relief. xvıe siècle.

14 — Armure de bras gauche. Elle est complète,
en fer poli, composée de lames articulées
rivées par des clous à tête de cuivre. xvıe siècle.

15 — Armure de bras droit. Elle est complète en
fer poli, à lames articulées rivées par des
clous à tête de cuivre. xvıe siècle. Elle peut
faire pendant à la pièce précédente.

16 — Selle d'armes en fer poli. Elle est composée
de la bâte de devant divisée en trois pièces,
et du troussequin fait de deux pièces légèrement cintrées. Toutes ces plaques sont décorées d'une large bordure et de bandes, ornées
de rinceaux finement gravés. xvıe siècle.

17 — Bâte de devant d'une selle d'armes en fer
poli, composée de trois plaques; celle du mi-
lieu est très haute. xvıe siècle.

18 — Grande passe-garde de gauche, à haut collet
en éventail, bordée d'une torsade et décorée
de bandes d'ornements gravés. Traces de dorure. Espagne. xvıe siècle. — Haut., 27 cent.;
larg., 3o cent.

19 — Grande passe-garde de gauche, à haut collet
en éventail, à arête très saillante. Bordure en
torsade. xvie siècle. — Haut., 27 cent.; larg.,
27 cent.

20 — Grande passe-garde de gauche, à haut collet
en éventail, à arête très saillante. Bordure en
torsade. xvie siècle. — Haut., 27 cent.; larg.,
3o cent.

21 — Garde-coude, pièce de renfort. Cette pièce
se rattachait, au moyen d'un boulon, à l'armure du bras gauche. Elle est décorée de
bandes d'ornements finement gravés. xvi^e
siècle.

22 — Demi-chanfrein en fer poli. La décoration
consiste en bandes d'ornements gravés. xvi^e
siècle. — Haut., 19 cent.

23 — Partie de jambière en fer poli, ornée de
bandes d'ornements gravés et dorés, représentant des trophées et des médaillons avec
figures allégoriques. xvie siècle. — Haut.,
33 cent.

24 — Paire de tassettes en fer gravé; elles sont
bordées d'une torsade, ornées de clous de
cuivre et gravées de bandes d'ornements. Il
reste encore les boucles d'attaches. xvie siècle.

25 — Épaulière en fer, à dix lames articulées, bordures en torsades. xvie siècle.

26 — Garde-reins, à six lames articulées, cloutées de fer et ornées de cannelures. xvie siècle.

27 — Collection en fer, décoré de larges bandes d'ornements gravés. Il est percé de trous pour servir d'attache au plastron. xvie siècle. Larg., 26 cent.

28 — Paire de brassards d'avant-bras, à lames articulées, découpées en festons et bordées d'une torsade. Les cubitières, à larges ailettes, sont ornées de clous en cuivre, à têtes ouvrées, en forme de fleurettes. xvie siècle.

29 — Armure de bras droit, composée des brassards d'arrière et d'avant-bras et de la cubitière. xvie siècle.

30 — Armure de bras gauche, de forme analogue, et pouvant faire pendant à la précédente. xvie siècle.

31 — Armure de bras droit. Elle comprend : les canons d'avant et d'arrière-bras, réunis par la cubitière. xvie siècle.

32 — Armure de bras gauche de forme analogue
et pouvant faire pendant à la pièce précédente. xvie siècle.

33 — Armure de bras droit, analogue aux numéros
précédents.

34 — Armure de bras droit, analogue aux précédentes et de même époque.

35 — Paire de cubitières formées de quatre
lames articulées, et à ailettes très développées
et côtelées. xvie siècle.

36 — Cubitière en fer poli ; les ailettes sont très
larges et la pièce est décorée d'une bande
d'ornements gravés.

37 — Colletin en fer, orné de bandes d'ornements gravés. xvie siècle.

38 — Paire de brassards, d'arrière-bras, munis
de leurs cubitières, et décorés d'une bande
gravée d'ornements et de médaillons à personnages. xvie siècle. — Long., 20 cent.

39 — Armet en fer, à crête peu élevée bordée
d'une torsade. Le mézail est d'une seule pièce
unie et mobile ; au revers, un large porte-plumail. xvie siècle.

40 — Cabasset à petits bords rabattus, le timbre
surmonté d'un ergot ; le bord est cloué de
cuivre, un écusson est gravé sur le devant.
Fin du xvie siècle.

41 — Cabasset analogue.

42 à 46 — Cinq autres cabassets de même forme.
xvie siècle.

47 — Gorgerin en fer, décoré de bandes d'ornements gravés. xvie siècle.

48 — Dossière d'un colletin en fer cloué de
cuivre et décoré de bandes d'ornements
gravés. xvie siècle.

49 — Colletin en fer, cloué de cuivre, munie
de ses boucles d'attache.

50 — Colletin en fer poli, cloué de cuivre.

51 — Colletin en fer uni, complet. xviie siècle.

52 — Paire d'étriers en fer gravé. La sole est
large et ajourée d'une rosace ; les montants
sont décorés d'ornements gravés. xvie siècle.

53 — Rondelle d'aisselle, bordée d'une torsade.
— Diam., 15 cent.

54 — Gantelet gauche. Le dessus de la main
se compose de cinq lames articulées; la
manchette est large et évasée. La décoration
consiste en une bande gravée d'ornements et
de médaillons à figures. XVIᵉ siècle.

55 — Gantelet droit, à lames articulées, décoré d'une bande d'ornements gravés. XVIᵉ
siècle.

56 — Gantelet droit, composé de six lamelles
articulées, à bords festonnés. Il subsiste encore le pouce, maintenu au gantelet par une
charnière. XVIᵉ siècle.

57 — Gantelet droit, à lamelles articulées; il
reste encore le pouce et trois doigts. XVIᵉ
siècle.

58 — Miton gauche en fer, à sept lamelles rivées,
la manchette courte, bordée d'une torsade.
XVIᵉ siècle.

59 — Paire de gantelets, à cinq lames articulées
et à larges manchettes évasées. XVIᵉ siècle.

60 — Paire de gantelets, à cinq lames articulées; la manchette est bordée d'une torsade.
XVIᵉ siècle.

61-65 — Quinze gantelets en fer, à lames articulées; quelques-uns ornés de gravures. xvi^e
siècle. (Ce lot sera divisé.)

66 — Paire de gantelets, à larges manchettes; le
dessus de la main et des doigts séparés se
composent de lamelles articulées.

67 — Paire de gantelets analogues.

68 — Deux autres paires semblables.

69 — Petite plaque cintrée en fer gravé, ornée
d'une bordure de rinceaux, encadrant un
sujet à deux personnages debout sous une
draperie; oreillère de casque (?). xvie siècle.

70 — Lame inférieure d'une cuirasse en fer,
bordée d'une torsade et décorée d'une riche
bordure d'ornements gravés et dorés. xvi^e
siècle.

71 — Lame supérieure d'une cuirasse en fer
gravé et doré. xvie siècle.

72 — Epaulière droite en fer, à lamelles articulées, bordure en torsade. xvie siècle.

73 — Gorgerin, colletins, et divers pièces et fragments d'armures.

74 — Genouillère, composée de huit lames en fer poli ornées de clous et bordées d'une tor-sade. xvie siècle.

75 — Fragments d'un casque. Calotte sphérique surmontée d'une crête peu élevée bordée d'une torsade, et visière triangulaire.

76 — Plastron d'armure, forme dite *polichinelle*.

77 — Dossière en fer gravé.

78 — Poire à poudre, en forme de trapèze, recouverte d'une plaque en fer ajouré et gravé, représentant un médaillon à armoiries, des cornes d'abondance et un mascaron. Fin du xvie siècle.

79 — Poire à poudre analogue.

80 — Deux autres, de même décor.

81 — Poire à poudre, ornée, sur chacun de ses côtés, d'une plaque en fer ciselé et ajouré, de même décor que les précédentes, mais de dimensions plus petites.

82 — Trois autres poires à poudre analogues.

83 — Epée à longue lame. La poignée à quillons droits est munie de gardes et de contre-gardes

et de deux plaques en fer répercé à jour placées sous le pas d'âne. Le pommeau est en fer gravé à huit pans. xviie siècle. — Long., 1 m. 3o cent.

84 — Petit sabre oriental, la poignée en bois sculpté, en forme de tête de dragon, est incrustée de plaques d'argent.

85 — Sabre oriental, à lame droite et large, la poignée est en bois orné d'une monture en fer damasquiné d'or.

86 — Pertuisane en fer gravé et doré, décorée sur ses deux faces d'un écusson armorié. xviie siècle.

87 — Poignard à lame large, le talon orné d'une palmette ciselée ; manche côtelé en bois noir incrusté d'argent.

88 — Fléau d'armes, à trois chaînes, manche en bois clouté de cuivre.

89 — Un brassard oriental en fer côtelé, orné d'inscriptions et d'ornements gravés.

9o — Casse-tête oriental en forme de tête de bœuf. Incrustations d'argent.

91 — Fusil à aiguiser, à poignée torse, en argent.

92 — Fer de lance, à lame plate triangulaire, gravé d'ornements de style oriental.

93 — Deux sabres japonnais, à poignées et gardes ciselées et dorées. Fourreaux en bois laqué.

94 — Masse d'armes en fer, à sept ailettes triangulaires. Poignée en torsade.

95 — Coupe-jarrêts (?). Longue lame à un seul tranchant, légèrement recourbée en volute à son extrémité. Poignée courte garnie de corne munie d'un crochet.

96 — Couteau de chasse Louis XV. La poignée et le fourreau sont garnis de plaques de fer ciselé et gravé.

97 — Hallebarde à lame quadrangulaire très longue. Le tranchant est orné d'un écusson gravé et doré, et le crochet est découpé en forme de tête d'oiseau. La douille à pans est damasquinée d'or.

98 — Pistolet à silex garni de plaques d'argent gravé. Le pommeau est orné d'un médaillon en relief représentant une tête d'Hercule. XVIIe siècle.

99 — Dague en fer, à longue coquille.

100 — Casse-tête sauvage en bois de fer sculpté.

101 — Cotte de mailles, à manches courtes. Les anneaux sont plats et rivés. xvıe siècle.

102 — Bourguignote en fer côtelé, visière fixe, traversée d'un nasal mobile et munie d'un grand couvre-nuque à lames articulées et de jouées formant jugulaire. xvııe siècle.

103 — Armet en fer poli. La crête est peu saillante, la visière mobile est large et triangulaire ; le mézail articulé est percé d'ouverture pour la vue et la bouche. xvııe siècle.

104 — Épaulière gauche en fer uni, à lames articulées. Fin du xvıe siècle.

OBJETS VARIÉS

105 — Missel romain du xve siècle, écrit sur deux colonnes avec de nombreuses grandes lettres très ornées, peintes en couleurs et dorées. Vélin, 247 feuillets. — Haut., 24 cent.; larg., 17 cent.

On a intercalé dans ce manuscrit onze

pages provenant d'un livre d'heures du xiv^e
siècle, et chacune d'elle est décorée d'une
jolie miniature à personnages, encadrée dans
de riches bordures d'ornements. Reliure en
cuir orné de dessins imprimés au fer, d'écoin-
çons et d'appliques en métal.

106 — Petite reliure en écaille brune, montée
en argent doré et ornée de filigranes. Les
deux fermoirs et les plats sont enrichis de
petits émaux peints. xviie siècle.

107 — Très joli vitrail rond, représentant la
Crucifixion. Composition à nombreux personnages. Fin du xve siècle. — Diam., 22 cent.

108 — Fragments de vitraux : têtes, monogram-
mes, ornements des xve et xvie siècles. (Six
pièces.)

109 — Vitrail rond peint en grisailles, représentant l'Adoration des rois Mages. — Diam.,
21 cent.

110 — Vitrail rond peint en grisailles, représentant Joseph abandonné par ses frères. Composition à nombreux personnages très finement exécutée. — Diam., 22 cent.

111 — Vitrail, de forme cintrée, peint en gri-
saille ; sujet à nombreux personnages repré-

sentant des femmes apportant des présents à des guerriers vainqueurs. Dans le haut, une arcature gothique.

112 — Plaque centrale d'un triptyque en ivoire, de forme cintrée, sculptée en haut-relief et représentant le Christ debout, vêtu de long et appuyant les mains sur la tête de deux personnages richement vêtus. Inscriptions grecques dans le haut de la plaque. Style byzantin du xe siècle. — Haut., 25 cent.; larg., 155 millim.

113 — Médaille italienne en bronze du xve siècle, par Pisanello (Vittore Pisano, dit) : Alphonse V d'Aragon, roi de Sicile. Buste à droite. « DIVVS . ALPHONSVS . REX . TRIVMPHATOR . ET . PACIFICVS . MCCCCXLVIIII. » ℞. Un aigle abandonnant sa proie aux vautours. « LIBERALITAS . AVGVSTA. — PISANI . PICTORIS . OPVS. » — Diam., 107 millim.

114 — Coffret rectangulaire, à couvercle plat en fer ciselé et repercé à jour, à ornements gothiques. Serrure à moraillon ornée de contreforts.

115 — Petit coffret rectangulaire, à couvercle

bombé en fer ciselé, repercé à jour et gravé;
orné de bossettes, de clous et d'appliques
fleurdelisées en cuivre doré.

116 — Coffret rectangulaire, à couvercle plat, en
cuir rouge, orné d'un écusson armorié de
bustes, rinceaux, feuillages et d'inscriptions
en lettres gothiques. Serrure à moraillon et
armature en fer ciselé.

117 — Applique à trois lumières porte-cierges
en fer forgé.

118 — Statuette en terre cuite de style antique :
Bacchus accroupi tenant une outre.

MEUBLE ET COFFRE

119 — Meuble à deux corps en noyer sculpté,
fermant à quatre portes et à deux tiroirs,
décoré d'ornements de marqueterie de bois
clair, et de jolies moulures. Colonnettes
d'angle à chapiteaux sculptés. L'intérieur du
haut du meuble est tapissé de son ancienne gar-
niture de soie verte à galons dorés. XVIᵉ siècle.

120 — Coffre en bois sculpté, le devant est orné
de figurines couchées, encadrées dans de

larges moulures sculptées. Pilastres ornés de têtes de lions et de feuillages. Italie, xvie siècle. — Long., 1 m. 70 cent.

TAPISSERIES

121 — Très joli panneau en tapisserie à fond crème du xviiie siècle. Un médaillon ovale représente deux femmes traînant un char de forme antique, sur lequel est assis un amour brandissant son arc; devant ce groupe une jeune fillette sème des fleurs qu'elle porte dans son tablier. Ce médaillon est entouré d'une bordure dorée simulant un cadre en bois sculpté, et est suspendu à de riches guirlandes de fleurs et de rubans. En bas, une corbeille fleurie est retenue au médaillon par deux rubans; dans les angles, deux gerbes de fleurs. La bordure est faite d'une torsade de fleurs et de rubans. — Haut., 2 m. 30 cent.; larg., 1 m. 60 cent.

122 — Panneau de tapisserie-verdure, à décor d'oiseau et de paysage avec vue de château. xviie siècle. — Haut., 1 m. 85 cent.; larg., 1 m. 60 cent.

www.ingramcontent.com/pod-product-compliance
Lightning Source LLC
LaVergne TN
LVHW020647180726
843502LV00006B/2302